Edición
I0845732
Los Versos Más Bellos Del Mundo
Elizabeth Soto Brenes

2

A mis adorados hijos
Roberto, Erick y Berenice;
Y al hombre que me cautiva la vida,
A ellos, que reinan en mi mente
Y en mi corazón.

-Elizabeth Soto Brenes.

Los Versos Más Bellos Del Mundo

Segunda Edición.
Costa Rica, Alajuela. 2024.

Producción: Roberto Jácamo Soto.
Arte: Roberto Jácamo Soto.

Contacto:
Autora: Elizabeth Soto Brenes.
Correo: elizabethsotoescritora@gmail.com

Ilustración por Smart Art A.I.
Facebook: @smartartai.

Tabla de contenido.

Prólogo.

A modo de presentación, este libro contiene poemas en su mayoría de un estilo romántico, apasionado y fantasioso, en la totalidad de la obra el tipo de poesía es consonante; los mismos se caracterizan porque están elaborados en un lenguaje popular, sencillo y comprensible.

Están plasmadas diferentes emociones que se viven, las mismas son aprovechadas en instante justo en que estas obras nacen; y se manifiestan a lo largo de sus poemas; en cuanto a sus características, se observa la subjetivad, la frustración en algunos de ellos, el deseo de amar, de ser, la ansiedad y el sufrimiento del distanciamiento acarreado en la pandemia.

La autora se afirma en su creación, idealiza el amor, el sentimiento, la muerte o pérdida del ser amado y compara un sentimiento de amor con la naturaleza. Dichos poemas contienen la elegancia de la pasión, el sentimiento, el instinto; y la fantasía por encima la razón.

En cuanto a la forma, se combinan los extremos entre el amor y el desamor, lo bello y lo feo; y están plasmados de metáforas o comparaciones, para darle esa elegancia y encaje a los versos, en los cuales se entreteje lo irreal y lo real; para que los poemas no caigan a la monotonía. Aquí se encuentran implícitos una gama de diferentes emociones.

En cuanto a los temas existe una exaltación suprema al amor, a ese amor que nunca fue, a ese amor que está presente y a ese amor que ya por diferentes causas ya no se encuentra con nosotros; existe además un gran valor y lugar para elogiar al bohemio, al escritor, al amigo, al trovador y hace homenaje a su partida.

8

Todos estos poemas coloquiales, se ajustan a las situaciones, sentimientos y actuaciones que muchos seres humanos hemos vivido en algún momento de nuestras vidas y contempla la situación de salud mundial que se está presentando; y por ello siempre estarán vigentes en tanto la humanidad exista.

- Elizabeth Soto Brenes -

Adiós, eterna primavera.

Sonetos de ansiedad
en negra luna
contrastan en mi ser
con tus recuerdos,
recordando el trigal
de tus cabellos
y tus azules ojos
rodeados cual espuma.

Sonetos de tristeza
por tu ausencia
reflejan en mis ojos la presencia
tan ínfima y nítida en cristal
que no descansará sino en el suelo
dejando por su paso algo de sal.

Navegando en angustias y recuerdos,
encuéntrase mi pobre corazón;
ya nunca escuchará de ti un "te quiero",
ya nunca sentirá satisfacción.

Yo supe en ese instante que allí era
el trágico final de nuestro eterno
amor del cual siempre recuerdo
que no dejó de ser eterna primavera.

Y no guardo rencor por tu partida
amado amor eterno de mi vida,
más nunca yo amaré en tanto viva
a nadie como a ti, mi eterna primavera.

A ti te di mi amor y mi alegría,
a ti dedicaré mi vida entera;
¡ahora ve con Dios, amado eterno amor;
¡mi muy amada eterna primavera!

Amor de mar embravecido.

¡Qué tardes de verano arriban a mi mente
en donde en esa playa juré amarte por siempre!,
tu recuerdo en mi mente es música en mi alma
aún recuerdo el mar, el sol, la arena y palmas.
Amado hombre en mi vida, yo te amaré por siempre;
mi amor trascenderá la eternidad y a la muerte.

Celajes de verano de mar embravecido
en donde aquella tarde tú fuiste solo mío,
me cobijé en tu cuerpo y apacigüé mi frío
el mar en esa tarde fue mi mejor testigo.

Yo navegué tu cuerpo centímetro a centímetro
y timonié tu piel, tu vida y sentimientos
y te adoré en la playa también a mar abierto.

La brisa y la palmera guardaron el secreto,
la arena de la playa fue nuestro tibio lecho,
sentí tu corazón que palpitó en mi pecho;
tu espíritu en mi piel me traspasó en el cuerpo.

A ti amado mío, gaviota de los puertos,
yo te llevo en mi alma, mi espíritu y mi cuerpo
y yo te seguiré en infinito tiempo;
te seguiré viviendo, te seguiré sintiendo.

Aprendí muy bien a amar.

Al mirar tus ojos
río por no llorar
y con poco enojo …
hoy quiero olvidar.

¿Recuerdas aquella mañana
de tanta emoción,
cuando amanecimos tan juntos los dos
porque compartimos una misma cama
y nos entregamos con tanta pasión?

Y sólo una estrella
fue el testigo fiel
de las cosas bellas
de nuestra de miel.

No se si me amaste
ni tampoco se
si ya me olvidaste.

Exijo un ¿por qué?
quisiera saber:
si tú no me amabas
¿para qué callabas?

Yo era inocente
de que me engañabas
y tú tan consciente
de mí te burlabas.

Hoy al recordar aquella locura
¡voy a despreciarte por ser tan basura!
y porque jugaste con mi corazón
ya no tienes cura ni tienes perdón.

Hoy te digo ¡adiós! ya casi llorando
ahora soy yo quien está callando
no se si es rencor ó te sigo amando.

Quiero que mi pecho
no sienta rencor
y que en otro lecho
tenga un nuevo amor.

Apreciarme... fue lo que jamás supiste
porque jamás lo quisiste
y al marcharme...sólo quisiera mirarte
para poder recordarte
y dejar mi orgullo atrás...

Por "la tranquilidad" ...
que me brindaste
te deseo felicidad,
porque sólo yo supe amarte
y supe muy bien amar.

Cuando se muere un Bohemio.

Se cae el tintero y la pluma
no se volverá a empuñar
y con niebla igual que el mar
se llena el alma de bruma.

Un pajarito cantor
ha dejado de cantar,
por un poema de amor
que ya no se escribirá.

El alarido de un perro
que bien se puede escuchar
mientras se oscurece el cielo,
reina angustia y ansiedad,
se oscurecieron los cielos
por alguien que partió ya.

¡Hoy a muerto aquel bohemio
el que me hizo soñar,
con sus poemas, sus versos
y su sensibilidad.

cuando se muere un bohemio
se pierde un tesoro innato
nadie lo reemplazará,
se muere el hueso y la carne
y su talento se irá
acompañando a su alma
por siempre en el más allá.

Como herencia habrá dejado:
parejas que se adoraron
y las que se adorarán
en un rincón alejado
donde se recitará
ese poema hechizado
que ha lograr el milagro
de aquel beso tan deseado;
y las miles de razones
que provocan intercambios
de besos, de corazones,
suspiros y de ilusiones.

Sólo morirá su cuerpo
sus obras habrán quedado
en las que inmortalizado
por siempre ahí vivirá.

Algo de él quedó aquí
porque en cada línea escrita
dejó una parte de sí.
Murió el poeta que un día
me hizo soñar siendo día,
me hizo reír de emoción,
suspirar mientras leía;
y hasta llorar locamente
de tristeza y fantasía,
me estremeció el corazón,
me hizo sentir diferente
en cada verso de amor
que con su mano escribía.

Cuando se muere un bohemio
algo se pierde y se gana:
se pierde un ser especial,
a un amigo verdadero,
a un gran genio intelectual,
a un amor que fue sincero,
a un amante potencial,
a un bohemio soñador,
romántico, apasionado;

alguien loco y trovador,
un manantial de pasiones
que en tus trágicos momentos
estuvo fiel a tu lado;
y combinó con esmero
la infinidad de emociones
y pudo lograr al fin
colmarte de sentimientos.

Por eso se callarán
los pajaritos cantores
que en silencio llorarán,
no se escucharán sus trinos;
y quedará a media toma
su amada copa de vino.

¡Se perdió al único ser
que con su mágico encanto
hizo reventar en llanto
las cuerdas de una guitarra,
hizo sonar los violines,
hizo callar la cigarra!

y... también pudo tejer
figuras de fantasía
con las que el amante adorna
su coloquio a la mujer.

¡En la trágica mañana ...
en que el bohemio se entierra,
lo que en el cielo se gana
exactamente es aquello
que se ha perdido en la Tierra!

Es porque llegó el amor.

Si te preguntas un día:
¿por qué florece una flor?
yo te diré vida mía:
¡es porque llegó el amor!

Si miras a las estrellas
y anhelas ser como ellas
para brillar con fulgor,
¡sé que si se ven bellas
es porque llegó el amor!

Si algún día suspiraré
para sentir tu calor,
si no sabes por qué es,
entonces yo te diré:
¡es porque llegó el amor!

Si aun estando despierto
te vuelves un soñador
y si sientes lo que siento
entonces yo te diré:
¡es porque llegó el amor!

Si alguna vez te ofendí
y quise volver contigo,
es porque te quiero a ti
no sólo como a un amigo.

Si estás dispuesto a aceptarme
sin más odio ni rencor
y si aún deseas amarme
¡es porque llegó el amor!

Si tú has sido lo mejor
y siempre tú lo serás,
si es que acaso no hay rencor
y por siempre me amarás,
quizás tú también dirás:
¡es porque llegó el amor!

Fernando.

Escucha en el silencio de la noche
la música de aquel grillo cantando,
mira la soledad en que se acoge;
escucha, escúchalo... Fernando.

Y siente el palpitar de nuestros corazones
las veces que nos vamos acercando,
escucha ese sonido de las palpitaciones;
escucha y siéntelas ...Fernando.

Y guárdame un lugar de privilegio
y ven a caminar conmigo al río,
pues quiero hacer de ti el bello sacrilegio
de hacerte todo hombre y todo mío.

Y llévame a tu vida nuevamente
y escápate conmigo a tu morada,
acuéstame en tu fría y suave almohada,
no importa lo que pueda hablar la gente

si yo desde hace tiempos estoy enamorada.

Camina junto a mí viendo de frente
y estréchame la mano con dulzura,
que nunca encontrarás tanta hermosura
que amando y siendo amado locamente.

Contigo quiero andar e ir suspirando,
a ti quiero besarte en cada esquina;
que nada puede estar más por encima
que amarte sólo a ti, bello Fernando.

Pero háblame de ti, mi bien amado
deja la timidez para otro tiempo,
y permanece siempre aquí a mi lado
para expresarte lo que en el alma siento.

Pregúntaselo a Dios a grandes voces,
si es cierto lo que hoy te estoy contando,
y él te responderá que cada noche
lo último que digo es...Fernando.

Jardín Prohibido.

Tu amor es para mí cual Azucena,
cual bello Girasol en primavera,
es Lirio perfumado en luna llena,
eternamente en flor cual Veranera.

Es dulce y perfumado cual Gardenia,
es bello y delicado como Rosa,
con toda su apariencia tierna y buena
que clava en mí su espina dolorosa.

Es tierno, es delicado, dulce y bueno;
cual un Clavel divino y con fragancia,
es fino y elegante cual Resedo
que va dejando aroma a la distancia.

Es mi Orquídea elegante y favorita,
mi Catleya soberana y exquisita,
mi Pasionaria en flor bien expandida;
¡tu cuerpo es ¡el jardín que me da vida!

Tu amor es para mí la Margarita,
es Hiedra que me invade hasta las venas,
es Tulipán de hielo en plena arena,
¡es un jardín prohibido que me excita!

Por qué no puedo yo ser primavera
que abrasa ese jardín y le da vida,
o al menos fuera yo, mariposa viajera
que recoge a poquitos tu polen de caricias.

Quisiera que, al volar mi alma serena,
en donde yacerá tu árbol dormido,
llegar a cobijarte sin más pena...
y deleitarme en ti, jardín prohibido.

Los Versos Más Bellos Del Mundo.

Recuerda en la distancia y en el tiempo,
los besos que me diste susurrando
todo el deseo que sentiste ese momento,
en ese amor que fuimos destilando.

Y fue tu primavera mi momento,
fue mi reverdecer en tus caderas,
las delicias de tu piel verdes laderas,
que me envolvió la piel con todo sentimiento.

Ya no puedo pensar en otra cosa,
que llegar de nuevo a tu momento,
que sepas que en mi corazón te siento
que tu esencia que entre mis venas se rebosa

Y amarte para mí es la maravilla,
llevarte a los extremos, mi pasión;
hundirme entre tus oscuras orillas,
llegando hasta tu tierno corazón.

Yo tengo un sentimiento aquí escondido,
guardado en mi mente muy profundo,
que me hace sentir dueña del mundo,
porque sé que es bello lo prohibido.

Mas tú tienes de mí lo que deseas,
la fruta ya madura en buen sabor,
la que te explota si le haces el amor,
la que sonríe sólo para que tú la veas.

Y el tiempo se detiene en un segundo,
cuando entras sigiloso a mi aposento,
para fundirte a mí, en espacio y en tiempo;
para brotar de mí, los versos más bellos del mundo.

Mi vida es una poesía.

Mi vida es una poesía,
es una la vida mía
porque tuvo un día un comienzo
y ha de tener un final.

Mi vida es una poesía,
porque me hizo llorar
de tristeza y alegría
y me hizo suspirar
por un amor algún día.

Mi vida es una poesía
que me hizo soñar de día,
aunque dormí por la noche,
me hizo sentir la escasez
y aprender de mis derroches.

Sí, mi vida es una poesía
que con romántico estilo
me hizo destilar el vino
que se encuentra en el placer,
tuve novios diferentes

y casi todos muy bellos,
educados y decentes
y con casi todos ellos
aprendí lo que es querer.

Sí, mi vida es una poesía
donde el papel es mi vida
y la tinta mis acciones,
las estrofas que contiene
encierran grandes pasiones.

Aquí se encuentra la esencia
de toda la vida mía,
porque vivir y escribir
es igual de noche o día;
sólo me basta decir

que el día en que yo nacía,
en la tierra se escribía
la más hermosa poesía;
poesía que no ha de morir
aunque se acabe mi vida.

Al igual que los juglares,
aquí yo expresé cantando
lo que en distintos lugares
aprendí riendo y llorando.

Sí… soy esa loca bohemia,
esa que es mucho y no es nada,
para algunos será esclava,
para otros, una reina.

Soy amiga en tus problemas,
soy flama ardiente en tu cama,
y desconozco la pena
si la inspiración me llama.

Soy metáfora encarnada,
onomatopeya andante,
escritora apasionada,
y una poesía deambulante.

Soy masa en materia viva,
un poema en un papel,
donde me mantengo fiel
en tanto mi mente escriba.

He deseado ser amada
y no he podido tener
todo el amor que deseaba;
y me sentí rechazada

desde antes de nacer.
Sin embargo, en esa sed
que me ha obligado a beber
del manantial del placer,
he aprendido que en verdad

nadie ha podido tener
toda la felicidad,
ni toda la dicha plena;
y nadie puede aprender
en una cabeza ajena.

Sí, mi vida es una poesía
donde no puedo borrar
ni una estrofa de tristeza,
de amargura o de agonía,
tampoco puedo inventar
que nunca tuvo belleza,
ni ilusión o fantasía.

Y aprendí muy bien a amar
porque lo llevo en mis venas,
pero debo confesar,
que no existe dicha plena,
aunque nadie más lo diga,

de lo contrario sería:
el mejor de mis poemas
y mi más grande mentira.

He logrado entrar en alguien
como entra un río en el mar,
y he tenido algún amor
que he preferido callar,

pues casi toda persona
ha tenido alguna historia
que ha preferido ocultar;
son buenos los que callamos
que aquellos que en vanagloria

no se ponen a pensar
que, al revelarles la historia,
a más de alguna persona
pudieran perjudicar.

Y volviendo al sentimiento,
siempre escribo lo que siento,
sea de alegrías o lamentos;

no dejo que pase el tiempo,
sin empuñar algún lápiz,
que me sirva de instrumento
para mi lírica acción,
donde la mente lo dicta
y escribe mi corazón.

Y ¿a quién no le he dedicado
algún poema encantado,
de la gente a quién he amado,
y cualquier otra persona
que por mi vida ha dejado
un trazo de dulce aroma?

Mi vida es una poesía
donde yo he sabido amar,
en cuerpo y en pensamiento;
y nunca perdí un momento
cuando me logré inspirar.

Sí... mi vida es una poesía,
es una la vida mía,
porque nada le faltó:
tuvo inicio y final,
tuvo risas y alegrías,
tristezas y fantasías,
alma, música y poesía
así como tuve yo.

Noche inspirada.

Cuando el viento acariciaba
mis mejillas
y la arena se escurría entre
mis dedos,
nacía entre la luz de la luna
y las estrellas
un poema de amor sobre la orilla
del que fuera mi más soñado anhelo.

Sí...una noche frente al mar
de luna bella,
con la hoguera que encendía
mi pasión;
donde pasó de frente una fugaz estrella
a la que mis labios abiertos
dijeron con toda la ilusión
los tres deseos que a gritos pidió mi corazón.

Sí...en esa noche silenciosa
era el poeta
el ser más realizado de este mundo,
cuando rompí mi hielo al pronunciar
tu nombre.

Quiero que sepas un secreto
muy profundo:

Yo soy ese poeta soñador
y vagabundo,
ese que es cuerpo de mujer
en alma de hombre
esa mujer que te ama y corresponde
a la que no mencionarás
tú, por el nombre.

Rompían las olas el silencio,
donde asomó una lágrima salada
en la que fuera mi mejor noche inspirada,
donde sólo pude dar un suspiro
y un lamento...

Te bajaría el sol, la luna
y las estrellas,
tan sólo si tú me lo pidieras;
para que tú ahora supieras
lo que en el corazón y el alma
siento.
Sí, se me parte el cristal
de mis pupilas...
y va corriendo a lo largo
de mis venas,
aquellas mis más profundas penas
que desaguan en las cálidas arenas;
y no conocen palabras de mentira.

Yo siento en esta noche silenciosa
donde sólo el mar puede vociferar,
que soy un ser pequeño solamente
en un mundo infinito y gigantesco,
habitado por gente codiciosa
que quiere únicamente acaparar;
y el mundo es tan bonito y tan perfecto
sinceramente se: ¡no lo merezco!

Yo soy un ser muy ínfimo
en el mundo,
un ser que va de paso en esta tierra;
soy fuego, viento, agua
y también tierra;
y sacaré mí desde lo más profundo
¡todo el amor que por ti mi vida encierra!

Yo nunca olvidaré aquellos deseos,
aquellas sensaciones reprimidas
que se llevó a su paso ese cometa;
y sólo espero en Dios, mi Ser Supremo;

que no permita que se apague mi vida
sin antes alcanzar todas mis metas
y tú eres una de ellas, te lo juro;
¡he de tenerte un día, de seguro!

Sólo que a ti y a mí
nos divide un alto muro...
tenerte entre mis brazos nuevamente,
besarte todo el cuerpo apasionadamente;
es lo que imagino cuando
beso la arena,
que es mi compañera entre mis penas.

¡Dejad que llore, hermano mar;
dejad que puedan mis penas descansar
en este cementerio de ansiedades;
dejad que saque desde adentro
esta pasión...
que está matando a pocos mi pobre corazón;
y es mucho peor que las enfermedades!

Yo solamente soy quien lo divierte,
aquella que lo besa y lo acaricia
y va juntando a pocas migajas de caricias
y está muriendo a pocos por su suerte.

Yo soy sólo un bohemio equivocado,
una mujer queriendo ser amada,
sintiéndose más poco que la nada;
¡más no hay mejor poema comparado
que el de un pobre poeta enamorado!

¿Qué está pasando ahora conmigo?
¡dímelo mar, si realmente eres mi amigo!;
¿por qué me duele saber
que él sale con otra mujer?
si yo daría toda mi vida por él
y su felicidad es la mía...

Además, ¿qué es lo que por él no haría?...
si yo sé que él es mi vida,
que a las más bellas mujeres
en sus manos le pondría,
con sólo que él me lo pida.

Al fin, que él es como el aire libre
y yo, gaviota golpeada;
si él es mi vida todo
y yo simplemente nada.

Yo por él, seguiría siendo cirano
llegando hasta el corazón
de la mujer que él adore
¡aunque por dentro yo llore!
y hasta sienta ser guiñapo…
o solamente un bufón.

En esta noche serena…
ya lloré todas mis penas,
mis angustias, mi agonía;
se escurrieron como arenas,
¡hoy aquí muere el poeta
pero nace su poesía!

Pasionaria.

Resplandece en mi vida luminaria,
es tu amor bello racimo de destellos
quizás no sea merecedor de ello,
quizás no sea en tu camino necesaria.

Es dulce amor de piel y primavera,
es un acantilado de emociones,
yo necesito más de tus prisiones,
yo necesito más de tus praderas.

Enciéndeme la vida flama eterna,
arráigame en tu cuerpo solitaria,
levántame hasta el cielo, pasionaria
o llévame de nuevo a tu caverna.

Amor bello manglar de maravillas,
caricias de aire fresco en primavera,
yo fui la que te amó por vez primera;
me tienes, pero luego me acribillas.

Tú eres para mí flor del camino,
que perfuma mi espíritu y mi mente;
no me desprecies más, quiéreme siempre,
ó no juegues así con mi destino.

Yo te ofrezco la vida ave viajera,
te doy calor de hogar y fuego eterno,
tú te gozas tirándome al infierno
tú te gozas derribando mis fronteras.

No eres nadie sin mí te lo aseguro
y lo peor es que tampoco yo sin ti,
nadie tiene lo que tiene de seguro,
nadie está al cien por cien siempre feliz.

Porque tú eres para mí cual cruel verdugo
que descarnas mi cuerpo hasta los huesos,
luego llegas y me colmas con tus besos
y me atas de nuevo en este yugo.

Te aprovechas porque soy sentimental
tú me lloras y de nuevo te perdono,
me utilizas cual si fuera un mayordomo
me castigas cual si fuera un criminal.

Qué no entiendes que eres tú mi luminaria,
que en tus ojos miro brillo de esperanza,
que quisiera hacer contigo buena alianza,
que te quiero en buena fe, mi pasionaria.

Que adorarte para mí es tocar el cielo
que servirte para mí es satisfacción,
que te adoro con todo el corazón,
que tú estás hasta en mis sueños y desvelos.

Yo vivo en esta vida solitaria
comiendo de simples ilusiones,
desbordase en mi pecho las pasiones
de amarte eternamente pasionaria.

Quisiera ser.

Quisiera ser agua fresca
en donde sacies tu sed,
un manantial de pasiones
del que tú quieras beber.

Quisiera ser como el aire
y acariciarte la piel,
metiéndome en esos sitios
donde nadie puede ver.

Quisiera ser esa toalla
que te restriega la piel
para poder estrecharte
como una abeja a su miel.

Quisiera ser como el viento
Que se posa sobre ti,
para ver en el momento
lo que te hago sentir.

Quisiera ser tu alimento
y poderte sustentar
estar mucho más adentro
de lo que nadie estará.

Quisiera ser el abrigo
que te calienta hasta el alma,
quisiera perder la calma
en una noche contigo.

Quisiera ser la cobija
que te comparte la cama,
calentándote cual flama
y dándote mis caricias.

Quisiera que me quisieras,
y quisiera mucho más;
pasarme la vida entera
pudiéndote contemplar.

Ser bohemio.

El ser bohemio no se hace,
no se estudia, no se entrena;
de tantos niños que llegan
tan sólo un bohemio nace.

Sí, porque se lleva en las venas,
en el alma y en el cuerpo,
y siempre el poeta muerto
lleva su don a la arena.

Sí, su talento se lo lleva,
porque ten confianza plena
que por mucho que otro quiera
el talento no se hereda

como cosa material,
como quien hereda un carro,
porque el talento es algo
divino y espiritual.

Y vale más que diamantes
o cualquier papel moneda,
al que le llaman dinero,
ya que son tantos amantes.

los que escuchando un poema
han pronunciado un "te quiero".

El ser poeta es un premio,
un preciado galardón,
pues pocos tienen el don
de saber que son bohemios.

Todo bohemio es sincero,
romántico y soñador
y en las cuestiones de amor
lo hacen todo con esmero.

El poeta es un abnegado idealista,
también tiene un mundo aparte,
de todo es perfeccionista,
cuidando cada detalle.

Porque el poeta es consciente
del mundo que lo rodea
sin que nada lo deprima
y en todas y cada rima

va expresando lo que siente
y también qué es lo piensa,
aunque nadie más lo crea
su vida se vuelve intensa.
Un bohemio es subjetivo
muy detallista, ordenado;
y puede ser objetivo,
cohibido o apasionado

deseando ser muy querido
y en cada poema deja
una parte de su vida,
de sus sueños, de sus quejas;
o de algo que no olvida.

Sí, un poeta es una fuente,
un manantial de pasión,
una enciclopedia andante;
es que sirve de puente

para que tantos amantes
entreguen el corazón.

Es el que hace soñar,
reír, cantar o llorar,
mientras se escapa un suspiro,
y también madeja de hilo

con el que se han de bordar
corazones, copas, vinos…

y también como persona
es un fiel y leal amigo
que, si la aflicción se asoma,
él siempre estará contigo.

¡Gracias a Dios que hay bohemios,
que brinden por los poetas,
pues las poesías son sus metas
y la inspiración sus premios!

Te acordarás de mí.

Te acordarás de mí...
mientras respires
y cuando estés casi muriendo,
recordarás mi vida junto a ti
y seguirás por ello así sufriendo.

Te acordarás de mí en cada noche
y mirarás mi cara en otros rostros
y querrás olvidarme inútilmente
y vivirás con "ella" en tus derroches,
y mi recuerdo en ti será tu monstruo,
que te ha de perseguir eternamente
y te ha de atormentar todas las noches.

Te acordarás de mí cuando suspires,
porque en mis brazos lo hiciste tantas veces,
te acordarás de mí cuando la mires
y me la pagarás con altos creces,
y la compararás conmigo en tantas cosas
y has de sufrir por mí que fui tu esposa.

Te acordarás de mí al ver amigos,
lugares y cosas que nos pertenecieron
que han de preguntar: por qué no estás conmigo
y tus promesas de amor a dónde fueron.

Te acordarás de mí yo te lo juro
y no me olvidarás te lo aseguro,
porque aún no ha nacido el que destruya
mi imagen, mi recuerdo ni mi vida;
tampoco aquel que de verdad me olvida;
y mucho menos la que me sustituya.

Te acordarás de mí, que soy sangre gitana,
de ver que no me olvidas, aunque te dé la gana,
que mis besos de fuego no logras apagar
en los labios de otra que me quiera imitar.

Te acordarás de mí, ¡claro que sí!
por todo eso y más, que viene de seguida;
por todas tus infidelidades contra mí
¡y porque pensando en mí, vivirás toda tu vida!

Versos que salen del alma.

Una noche ennegrecida
llena de mucha emoción,
sentí que debía en la vida
escuchar al corazón.

Versos salieron de mi alma,
rimas de un himno glorioso;
música de tono hermoso
que me colmaron de calma.

Eran la luz de la noche,
el resplandor de los cielos,
eran todos mis anhelos
saliendo todos en verso.

Versos que salen del alma
que llegan con emoción,
son notas del pentagrama
de adentro del corazón.

Fueron minutos gloriosos
de suprema inspiración,
en donde mi corazón
disfrutaba melodioso.

El cielo llenó de estrellas,
el aire fresco emanaba,
ya nada más anhelaba
entre tanta cosa bella.

Versos que salen del alma
son música del amor,
son laureles y son palmas
que te coronan de honor.

Vuelo Eterno.

Cuando el ocaso llegue de mi vida
y el otoño comience a hacer estragos,
sabré entonces por fin que habrá llegado
mi esperado momento de partida.

Y llorarán las nubes de los cielos
y gemirán los perros del camino,
se callarán las aves en sus trinos
mientras emprendo aquel supremo vuelo.

Y mi alma dejara este mundo bueno
y voy a trascender más allá de los cielos,
mi alma volará cual águila en su vuelo
y al fin se elevará ante el creador supremo.

Ya no conoceré el miedo y el dolor
y ya no brillará la luz de mis pupilas,
pero abriré mis alas en todo su esplendor
y volaré muy alto y por encima.

La vida seguirá igual para los vivos,
nada será distinto a los que no me amaron,
más los que me quisieron yo sé que sí lloraron
más los adoraré en mi eternal camino.

Será un poeta menos en la tierra,
será un poeta más que adorna el cielo,
será un débil recuerdo que se aferra
en un amigo que siempre fue bueno.

Y voy a estar al fin en mi última morada
y me transformaré en materia inerte
y no temeré ya nunca más la muerte
y ya no temeré ya nunca más a nada.

Me enrumbaré directo hacia los cielos,
recorreré caminos nunca antes recorridos,
ya no serán en mí dolores y gemidos
ya nunca existirán las noches de desvelo.

Llegarán perfumes de claveles y de rosas
de algunas manos que las ponen amorosas,
será el fresco aroma de árboles y pinos
morada plena de mi eternal destino.

Me traerán también orquídeas en sus ramos
que me han de engalanar con sus divinas flores
aquellos que en la vida fueron buenos amores,
aquellos que a mis hijos les han de dar la mano.

Coronas de laurel que indican victoriosas
que un momento célebre ha llegado,
y un hijo agradecido con sus ojos mojados
que extraña desde ya su mamá amorosa.

Será para mí al fin, viaje glorioso
una paloma que abandona su prisión
que recorre en su viaje victorioso…
el rumbo que le dicta el corazón.

Será la cruz que encierra mi despojo
la estrella que alumbra mi partida,
será por fin mi vuelo ansiado tan glorioso
que nunca más extrañaré la vida.

Será la hiedra que abraza al cementerio
aquella tierna amiga que entiende mi emoción,
será la fría tarde cargada de misterio
aquella que a mis hijos envuelve de aflicción.

Será la luz que alumbra el camposanto
luciérnaga que cruza en mi destino,
será también el verde de los campos
alfombra delicada que cubre mi camino.

Más yo les digo que no tengan miedo
para enfrentar al fin la eternidad,
un viaje al infinito que da paz
para alcanzar al fin... el vuelo eterno.

Yo Solo Pido.

Yo no pido la luna, el sol, ni otras estrellas,
ni pido 7 mares con fondos de coral,
yo quiero estar contigo en mis horas más bellas
y verme en tu mirada de espejo de cristal.

Yo no anhelo más nada de este mundo
que no sea sentir tus manos amorosas,
yo quiero saborear el dulce de tu boca
y hundirme en tu cuerpo tan cálido y profundo.

Yo no te pido esencias, ni lujos, ni tesoros,
ni que toques al fuego incandescente,
yo quiero que me beses locamente
y que me seques lágrimas si lloro.

Yo No deseo amarrarte con un lazo,
ni quiero desangrar tu corazón,
yo quiero despertarme entre tus brazos
después devorarte con pasión.

Si es mucho pedir tan sólo amarte,
si es tanto el perecer por tus amores,
déjame saborear el néctar de tus flores,
te juro que mi anhelo es adorarte.

Yo no quiero amarrarte entre mi cama,
ni pido hacerte esclavo de mi piel,
yo quiero saborear tu dulce miel,
que sientas mi calor como una flama.

No te pido palacios y diamantes,
tampoco pido cascadas de cristal,
que no importe la gente y su moral,
surquemos un amor puro y brillante.

Yo no te pido ser tu única dama,
ni quiero verte siempre como amigo,
yo solo pido poder estar contigo,
aunque sea un día a la semana.

Acaso.

Acaso puede la fría lluvia e infinita
saciar mi más profundo anhelo,
si sabe que es hombre que causa mis desvelos,
aquel por el cual mi corazón palpita.

Acaso la luna con todo el velo en plata
puede darme alegría en mi tristeza,
si ella no es el hombre que vive en mi cabeza
aquel que a mis silencios suspiros arrebata.

Será acaso posible que pueda el sol radiante,
traerlo a toda prisa ansiada hacia mis brazos,
aunque el mundo se caiga ahí a pedazos,
y aunque llegue de mi vida en el ocaso.

Será acaso el astuto de las cimas escalante,
con alma de varón y trueno entre su voz
capaz de galopar mi cuerpo tan veloz,
logrando así, conquistarme en un instante.

Acaso el universo profundo y poderoso
logró acercarlo a mí por un destino,
poniéndolo en mi vida y mi camino
logrando un gran amor profundo y silencioso.

Será acaso los lares tortuosos del destino,
que saben de angustias y pasiones,
que nos hacer amar entre silencio y traiciones
bebiendo el dulce néctar del amor, cual fuese vino.

No Prives.

No prives a mi vida de tu amor
ni dejes mi destino sin tu suerte,
pues quizás ese será tu gran error,
y detrás del espejo está la muerte.

No te lleves de mi ser tu primavera,
tu risa, tu alegría, tu juventud,
que ya nunca será lo que antes era
si restas al amor de esa virtud.

No pierdas el tiempo en lo que no es,
ni te importe jamás lo que otros digan,
que ellos al amor nunca le miran,
lo bello y lo grandioso que tú ves.

No te quites el derecho de adorarme,
si sabes que me tienes en tus manos,
tenemos el derecho como humanos
y tú mueres de ganas de besarme.

No huyas de mi vida primavera,
destello de luz de luna llena,
tú sabes que la vida nunca espera,
y vivir sin ser feliz es una pena.

No dejes a tu vida sin mi amor,
pensando que quizás no morirá,
ya tú has vivido en carne tu dolor
y lo que debe pasar, pues pasará.

No te prives de los besos que quisimos,
de ese amor tanto dulce y embriagante,
que el tiempo no perdona ni un instante,
y llorarás por el tiempo que perdimos.

He Renunciado.

He renunciado al dulce beso de tu boca,
a esas frías noches de navidad y de invierno,
he renunciado a dolor y al fuego del infierno,
que prende tu familia si sabe que me tocas.

He renunciado a las mañanas grises
de amanecer fundidos en tórrido romance,
tratando de entender que no estuvo al alcance,
aquellos anhelados momentos tan felices.

He renunciado a ser parte importante tuya
y que tú seas en mí, el dueño de mi amor,
he renunciado a ser por ti la bella flor
que un altar de aromas la vida te construya.

He renunciado en seco a estar amando tanto
no sé si habrás notado que me alejé de ti,
que ya ha pasado el tiempo y no sabes de mí,
aunque muera de pena y me ahogue de llanto.

He renunciado a ser de ti la amada reina,
y llamarte mi hombre, quizás mi bello esposo
aquel que ronca lindo, como si fuera un oso;
mientras que con un beso dulce, me gobierna.

He renunciado a ti y tú me renunciaste,
dijiste que era sólo cuestión de darnos tiempo
yo sé que para ti también fue un gran tormento
si quieres ven a mí y trata de quedarte.

He renunciado a amarte, te saco de mi mente,
por todo cuanto fue y aún más por todo eso,
aunque si me lo pides, te juro que regreso;
porque el amor que aún vive lo hace para siempre.

El hombre que más he amado.

Era justo que te nombre,
que todo el mundo se entere,
que solamente tú eres,
mi más adorado hombre.

Yo que siempre te he admirado,
te he querido por demás
y no permito jamás
que alguno manche tu nombre.

Porque de todos los hombres,
Eres el que más he amado.

Y aunque el tiempo haya pasado,
cada día te amo más;
y aunque no estas a mi lado,
no te dejo de nombrar.

Tú, ya no estas con los vivos,
quiso Dios llevarte al cielo;
y aun así siempre que escribo,
te lo leo a ti primero.

Han pasado por mi vida
bellos novios y hasta amantes,
hombres cultos y elegantes,
por los que muchas suspiran.

Más diciendo mi verdad,
que tenerlos o perderlos,
a mí nada se me ha dado
pero mi vida ha cambiado,

junto con mi realidad,
desde que tú te has marchado.

He tenido hijos muy bellos,
amigos y compañeros;
y de tantos caballeros,
te amo más que a todos ellos.

Cada día te extraño más,
te respeto, aunque no estas;
y espero en Dios verte un día,
cuando entregue el alma mía;

que te diga "hola papá"
eso es lo que lo que está en mi mente,
que estemos felices siempre,
juntos en el más allá.

Amor En Tiempo De Pandemia.

¡Ay, angustias en tiempos de pandemia!,
por un amor que no está aquí presente,
que no logro apartarlo de mi mente,
que lo amo con toda mi existencia.

Y aún lo veo recorriendo los pasillos,
aunque sé que es en mi mente solamente,
pero amarlo con pasión es mi delirio
y es pena de mi amor quererle siempre.

Fue tu tiempo cumplido y necesario
donde pasaste frente a mí por varios años,
terminaba para ti ese gran peldaño,
no verte para mí, ya es mi calvario.

¡Ay joven disperso y silencioso!,
de sonrisa sensual y majestuosa,
que yo quise robar el néctar de tu rosa
con un beso profundo y majestuoso.

Ahora sólo te veo y no en persona,
no imaginas el daño por tu ausencia,
me has dejado anhelando tu presencia,
que tu partida mi mente no perdona.

Supiste conquistar mi corazón,
con tu bendita voz tan portentosa,
con tu "feliz cumpleaños y una rosa",
con tu "te amo y eres de mi vida la razón".

¡Ay caballero joven y elegante,
ay majestuosa rosa de mi otoño,
que no sé si fue Dios o fue el demonio,
que me rindió a tus pies en todo instante!

¡Ay maldita pandemia que me evita,
poder mirar al hombre que me ha amado,
si él también quiere estar a mi lado,
y él desea mi cuerpo, que lo excita!

No pudo separarnos la pandemia,
no logre separarnos el destino,
que quiso Dios ponerme en tu camino,
¡que nadie sea capaz de esa blasfemia!

Elizabeth Soto Brenes

Costarricense. Nació en la provincia de Puntarenas, actualmente radica en la provincia de Alajuela, Costa Rica. Desde la niñez cursó sus estudios con becas de instituciones del gobierno.

Su padre fue pescador y muellero, su madre fue ama de casa, costurera y peluquera. Es la segunda de tres hermanas. Sus padres se encargaron de darle una formación estricta, pero con mucho amor familiar. Descubrió su amor a la escritura desde que era una niña en edad escolar.

Cursó la escuela primaria en la Escuela Fray Casiano de Madrid. Realizó sus estudios de educación secundaria en el Liceo de Chacarita, aunque obtuvo su título en el Liceo de Miramar, ambos liceos en la provincia de Puntarenas.

Posteriormente realizó estudios universitarios en la Universidad de Costa Rica y terminó la carrera docente en La Enseñanza de las Ciencias Naturales y Exactas, en la Universidad Estatal a Distancia, en grado de licenciatura.

Trabajó para el Ministerio de Educación Pública de Costa Rica, desde que se inició en la carrera de la docencia; y ha impartido clases en diferentes colegios de enseñanza pública y educación privada.

Es autora de varios trabajos de literatura, de cuentos, poesía y ensayo; algunos próximos a publicar y otros ya publicados por la Revista Umbral, Número XXXI del Colegio de Licenciados Y Profesores, COLYPRO, en el segundo semestre del 2012.

www.ingramcontent.com/pod-product-compliance
Lightning Source LLC
Chambersburg PA
CBHW040225240726
48664CB00001B/10